Tour d'Ivoire

Édition : BoD · Books on Demand, 31 avenue Saint-Rémy, 57600 Forbach, bod@bod.fr
Impression : Libri Plureos GmbH, Friedensallee 273, 22763 Hamburg (Allemagne)

ISBN : 978-2-3225-1677-3
Dépôt légal : Novembre 2024

Jules Basile

Tour d'Ivoire

C'est depuis l'adolescence que je trouve refuge dans les mots, transformant mes pensées et mes émotions en poèmes. J'ai toujours rêvé que mes écrits prendraient un jour vie dans un livre. À cette époque, je n'imaginais pas que ce rêve deviendrait un jour réalité. Et pourtant, aujourd'hui, vous tenez ce recueil entre vos mains, une part de mon histoire, de mes états d'âme, un voyage entre ombre et lumière. Ce recueil, je le dédie à ma maman. Mamouna, j'aurais tant aimé t'avoir à mes côtés pour célébrer ce moment ensemble, mais la vie en a décidé autrement. **De là où tu es, j'espère que tu es fière de moi.**

« Ce qui est vraiment difficile et vraiment incroyable, c'est de renoncer à être parfaite et de commencer à devenir soi-même. »

Anna Quindlen

sommaire

le règne des ténèbres

Être perdu sans pouvoir retrouver son chemin est la chose la plus horrible qui soit. Nous avons beau avancer, nous nous dirigeons seulement vers l'inconnu. Nous n'avons aucune idée de ce que pourrait être notre avenir. Nous avançons dans un brouillard oppressant, sans savoir où nous mettons les pieds. Chaque décision que nous prenons est toujours la mauvaise. Nous voulons faire les choses correctement, pourtant, nous ne commettons que des erreurs. Nous regrettons certains moments de nos vies, mais il nous est impossible de les effacer. Ils sont là, inscrits à tout jamais dans le temps. Être perdu est la chose la plus horrible qui soit. Nous ne savons pas, contrairement à d'autres, quel chemin prendre. Nous avons l'impression que toute notre existence est une erreur et que c'est pour ça que nous nageons dans l'inconnu. Nous avons l'impression que notre vie est un point fixe qui ne saurait avancer ou évoluer, comme si, au fond, notre vie n'avait aucune importance. Nous pensons que parfois, mourir serait la seule solution à ce malheur qui définit notre existence. Et pourtant, cela resterait une mauvaise décision, une échappatoire interdite. Nous aurions alors voulu toujours rester enfants, un être innocent qui pense à un avenir chimérique, qui ignore encore que sa vie sera plus tard sans saveur. Être perdu est la chose la plus horrible qui soit, mais c'est la seule chose que nous savons faire : *nous perdre sur le chemin de la vie.*

Ce n'était pas moi. C'était ma tristesse, c'était mon désespoir. Devenue une marionnette, j'étais trop faible pour combattre leur emprise sur moi. J'ai laissé mes sentiments me contrôler, encore une fois. Cet instant est nébuleux dans mon esprit, une scène en accéléré dont j'ai du mal à me remémorer. Ils avaient le contrôle sur mon corps, et j'étais une simple spectatrice, sans aucun pouvoir sur ma propre personne. Une marionnette sous l'emprise des Ténèbres qui me sont si familières. Une cohabitation parfois tumultueuse, souvent destructrice. J'aimerais pouvoir affirmer que cela n'arrivera plus, mais ai-je la force de me battre contre ces forces si invulnérables ? Néanmoins, j'espère qu'un jour, je deviendrai plus puissante pour qu'elles n'aient plus jamais le dessus sur moi.

15

L'orage dans ma tête ne cesse de gronder. Une tempête qui terrasse les murs fragiles de ma santé mentale. Combien de temps arriverai-je à tenir sur mes deux pieds ?

Je vole en éclats...

16

Voilà un moment déjà que je n'avais pas ressenti cette émotion. Pourtant, je dois me rendre à l'évidence, la solitude, telle une ombre sournoise, s'est à nouveau immiscée dans ma vie. J'aime être seule et profiter de ma propre compagnie, mais cette solitude-ci est oppressante. Elle me rend inerte. Elle me donne envie de haïr la vie. S'il vaut mieux être seule que mal accompagnée, il est difficile d'accepter cette émotion que j'ai tant ressentie et que j'ai tant voulu fuir quand j'étais jeune. Cette émotion est une machine à remonter dans le temps. Je me revois alors, seule dans ma chambre avec la solitude qui se glisse sous ma peau, faisant de moi sa prisonnière. Je suis dominée par l'envie de faire éteindre la flamme qui anime mon âme. Je me sens abandonnée. Je suis de nouveau piégée dans le labyrinthe de la solitude, sans la moindre idée d'où se trouve la sortie. Est-ce mon destin de périr seule ici ? Est-ce mon destin de hanter ce dédale jusqu'à la fin des temps ?

Tour d'Ivoire

Un brasier brûle en moi. Enfanté par ma colère et ma tristesse, ce feu ardent brûle ma chair, me consume de l'intérieur. Une souffrance invisible dont je peine à me libérer. Une douleur, un mal-être, qui m'est chaque jour un peu plus insupportable. Je n'en peux plus d'avoir mal, de souffrir à chaque instant que j'exhale un souffle de vie, ou du moins, un semblant de vie. J'aimerais pouvoir me libérer de ce tourment et tout laisser derrière moi. Ne plus penser au passé, ne plus m'angoisser sur l'avenir, ne plus penser à rien. Tout n'est qu'illusion dans ce monde, et je suis épuisée. Pourquoi devrais-je rester forte ? Pourquoi devrais-je essayer d'aller de l'avant ? Je veux juste que tout ceci s'arrête. Je veux rejoindre le néant pour ne plus être accablé par ce mal qui m'enlace jusqu'à l'étouffement. Une douleur si intense à l'intérieur de moi, qui s'embrase et qui peut exploser à tout instant. Être dans le contrôle est éreintant ! Ma force et ma volonté me quittent, grignotées par les Ténèbres qui veulent prendre ma place. Il y a cette petite voix dans ma tête qui prend plaisir à me dégrader, ne cessera-t-elle donc jamais d'exister ? Cette petite voix même qui me murmure des idées noires. Des idées lugubres qui, comme des insectes, envahissent mon esprit et noircissent mon cœur. C'est une guerre incessante, une lutte acharnée dont je ne sais pas encore qui en sortira vainqueur.

Comment puis-je déployer mes ailes alors que je suis prisonnière des Ténèbres depuis la nuit des temps ? Comment faire pour abandonner l'obscurité alors qu'elle est désormais mon cocon ? Mon malheur est devenu une addiction. Je suis sous son emprise et je ne peux plus me passer de ses effets. Il y a cette volonté de m'échapper des griffes des Ténèbres, *une étincelle quasi imperceptible qui sommeille au plus profond de moi.* Mais les ombres qui gravitent autour sont plus puissantes. Telles des vignes empoisonnées, elles se sont répandues dans les fissures de mon esprit. Elles sont devenues une partie de mon essence. Après tant d'années, nous avons fini par fusionner. *Je suis les Ténèbres qui m'habitent.* Alors, que dois-je faire pour me sauver de moi-même ?

Tour d'Ivoire

C'est difficile de savoir qui nous sommes réellement, de savoir ce que nous voulons accomplir dans notre vie. Une quête identitaire qui dure parfois toute une vie. Depuis toujours, on nous murmure de suivre un chemin tout tracé, un chemin que la société nous pousse à emprunter. Dans quel but ? Pourquoi devrions-nous tous avoir le même parcours, les mêmes aspirations ? Dans l'espoir d'empêcher notre éclosion, ils essaient d'étouffer la personne que nous sommes vraiment au fond de nous. Nous commençons alors à douter de notre propre pouvoir. Sommes-nous réellement les maîtres de notre destinée ? Il est dit que le monde ne fait pas de cadeaux. Si c'est vrai, pourquoi continuer de vivre dans un monde où le bonheur se fait de plus en plus rare ? Pourquoi s'accrocher à cette existence dépourvue de rêves ? C'est épuisant de se battre contre nous-mêmes, c'est épuisant de se battre contre les autres. Il n'y a aucune échappatoire. Le futur est inexistant, un simple écran de fumée. Il y a seulement ce présent sans saveur, sans couleur. *La vie, ce cadeau empoisonné.*

Cette pulsion qui me possède, qui me gratte la chair. *Ce besoin irrépressible de souffrir.* Une douleur insupportable, et pourtant, par moments, *je me languis d'elle...*

Tour d'Ivoire

Un désespoir dévorant et destructeur m'envahit, tel un raz de marée qui engloutit tout sur son passage. L'univers me fait comprendre par tous les moyens possibles que je ne suis pas à la hauteur. C'est une douleur constante qui noircit mon cœur, qui fait saigner mon âme. À chaque battement de paupière, je plonge un peu plus dans une obscurité sans fin. Le futur n'est qu'un spectre et ne tient aucune place véritable dans ma réalité. Le présent est un cauchemar éveillé auquel je ne peux échapper. Cette douleur constante fait que chaque pas pour continuer de vivre est une épreuve insupportable. Dans ce labyrinthe d'émotions, le bonheur est un concept abstrait, une étoile inaccessible qu'on voit au loin dans le ciel. Impossible à atteindre, je peux seulement la contempler. Le désespoir semble être donc bien mon seul compagnon. J'ai beau être silencieuse, c'est pourtant un cri continu qui résonne en moi, porteur d'une détresse que les mots peinent à transmettre. Je crie ma douleur, mais pour combien de temps encore ?

Je me demande comment les gens autour de moi me perçoivent. Me voient-ils comme cette fille dépressive qui ne voit que les ténèbres ? Je suis consciente d'avoir laissé ma douleur et mes peines définir qui je suis. C'est peut-être parce que je vois le monde en nuances de noir et de gris depuis si longtemps maintenant. J'ai grandi avec ces sombres émotions depuis mes onze ans, et *elles ont façonné la personne que je suis aujourd'hui.* Mais comment puis-je changer la personne que je suis alors que ces sentiments font désormais partie de mon ADN ? C'est la seule version que je sais être. *Nous ne faisons qu'un à présent.* C'est terrifiant de devenir une autre version de soi-même. Parce qu'on ne sait pas encore si ce sera la meilleure version. Je veux être la meilleure version de moi-même, je ne veux plus que mon passé et mes traumatismes me définissent. Mais je suis perdue. Perdue en mer, mais je peux voir une faible lumière au loin. Un phare qui attend mon retour. Mais suis-je assez forte pour l'atteindre ? Mais surtout, *suis-je prête à le faire ?*

Tour d'Ivoire

Le temps passe vite. Une phrase déjà mille fois prononcée. Le temps, un concept mystique qui nous fascine et qui nous effraie à la fois. L'écoulement du temps serait une illusion, pourtant, moi je le vois, je le ressens. Je contemple le temps qui avance, ce temps qui m'échappe. Un sablier qui s'écoule beaucoup trop vite. C'est comme se retrouver au milieu d'une foule mouvante, des silhouettes floues, des visages à peine esquissés, et moi, je suis là, immobile. Ma vie se joue au ralenti. Le temps me glisse entre les doigts et je reste clouée sur place, dans l'incapacité de suivre le rythme. Qu'est-ce qui cloche chez moi ? Pourquoi ne suis-je pas capable de suivre le cours du temps ? Je sens le vent s'engouffrer dans mes cheveux, la lumière du soleil chatouiller ma peau, les gouttes de pluie tomber dans mon cou. Je sais que je suis en vie, je pleure, je ris, je ressens la douleur, je sens battre mon cœur dans ma poitrine. Je remarque les effets que le temps a sur moi alors que je n'ai jamais vraiment vécu. Je ne fais que contempler le temps qui passe, comme une passagère oubliée sur le bord de la route. Je vois l'immensité du monde. Je sais qu'il existe, là-bas, au loin. Pourtant, je n'ose pas m'y aventurer trop longtemps. Hypnotisée et tétanisée par sa magie. Peur de la douleur, peur du bonheur, peur que tout ne s'évanouisse en un battement de cils. Du haut de ma tour d'ivoire, là où le temps s'écoule différemment, je scrute le temps suivre son cours à l'extérieur, là où les gens vivent, là où les gens meurent, là où la vie palpite et s'effrite. Une aventure rêvée que je ne peux qu'effleurer du bout des doigts…

Vous est-il déjà arrivé de douter de votre présence sur terre ? De ressentir que l'univers tout entier était votre pire ennemi et que sa mission était de vous faire savoir que vous n'avez aucun mérite à fouler la Terre ? J'ai parfois l'impression qu'une force invisible me pousse à me haïr, qu'on essaye de me mettre au pied du mur : *ce que tu fais ne suffit pas. Ce que tu fais ne sert à rien.* Comme si à chaque fois qu'une étincelle d'espoir s'allumait en moi, une force supérieure prenait un malin plaisir à étouffer cette faible braise afin de la réduire à néant. *Tu n'as aucune importance.* Des paroles qui ne cessent de résonner dans mon esprit, des échos incessants qui m'assaillent comme des coups de marteau. Je dois me rendre à l'évidence que le bonheur m'est interdit, ayant la souffrance comme seule compagnie. Une souffrance perçante qui ne disparaîtra jamais. Une souffrance qui me consumera tout entière sans en laisser une miette.

J'aimerais tellement pouvoir arrêter de penser à toi. J'aimerais tellement pouvoir réussir à t'oublier, mais tu fais partie de ma vie depuis tellement longtemps maintenant qu'il est difficile de t'effacer de mon existence. Tu as laissé des marques qui ne pourront jamais disparaître. Encore un souvenir de toi qui fait qu'il est difficile de t'oublier. Certains jours, il m'arrive de ne pas du tout penser à toi, mais ce n'est qu'une feinte de mon esprit, car tu ne disparais pas vraiment, tu te caches dans les recoins les plus sombres de mes pensées. Cependant, les jours où je ressens du désespoir et du chagrin, je ne cesse de penser à toi, du matin jusqu'au soir, et j'imagine que nous sommes réunis. J'espère vraiment qu'un jour, j'arriverai à me débarrasser de toi et que tu deviennes un vague souvenir de mon passé douloureux. Pour l'instant, la lutte continue et j'espère qu'un jour, je finirai par la gagner.

Tour d'Ivoire

Qu'est-ce que tu veux ? Une question qui semble si simple, et à laquelle il m'est pourtant difficile de répondre. Qu'est-ce que je veux vraiment ? Quelles sont mes envies les plus profondes ? J'ai parfois l'impression de n'être qu'une coquille vide sans réelles ambitions. J'ai pourtant des rêves, ou du moins je pense en avoir, mais ils me semblent irréalisables. C'est sans doute l'ascension de la montagne qui m'effraie le plus. La douleur et les déceptions des épreuves à venir. L'obscurité est toujours là, tapie dans un coin, dans le seul but de dominer mon être dans sa totalité absolue. Ce n'est pas dans ma nature de percevoir la lumière. J'ai peut-être été trop meurtri par la peine et la douleur. Mais est-ce seulement une excuse ? Qui blâmer à part moi ? Je suis la seule à porter la responsabilité de mes erreurs, de mes décisions manquées. Si je pouvais faire marche arrière, commettrais-je les mêmes erreurs ou ferais-je de meilleurs choix ? Mais c'est une erreur de regarder derrière soi, le passé est immuable, figé dans le temps, pour toujours. En revanche, le présent est bien tangible, alors pourquoi ne suis-je pas assez forte pour le changer ? Pourquoi j'observe le temps s'évaporer sans faire un pas en avant ? Tout simplement car je suis tétanisée face à la peur de l'inconnu. Je suis trop habituée à ma tour d'ivoire, j'y suis à l'abri du danger, mais aussi loin du bonheur auquel j'aspire depuis si longtemps… Qu'est-ce que tu veux ? Je suppose que je veux simplement avoir envie de vivre, d'arrêter d'errer dans les limbes de la simple existence. J'existe, mais je lutte constamment pour avoir soif de vivre. Mais comment y parvenir après des années d'une existence sans vie ?

27

Plonger dans les bras de Morphée pour faire taire *les pensées tourmentées.* Ne plus les entendre fourmiller inlassablement dans ma tête. Un moment de paix succinct, puis *le chaos* qui m'envahit à nouveau. *Un cycle qui ne connaît pas de fin...*

Qui suis-je ? À force d'exister dans la noirceur, je me demande qui je peux bien être quand je vis dans la lumière. La lumière. Les Ténèbres. Où se situe l'entre-deux ? Une bataille fait rage dans mon âme, impossible de choisir où exister. Je ne sais même pas si le choix m'appartient vraiment. Parfois, je sens la chaleur de cette lumière que je désire depuis si longtemps, mais les Ténèbres n'ont de cesse de me traquer. Je sens leurs griffes autour de ma gorge, leur seul désir étant que je leur appartienne jusqu'à ce que je rende mon dernier souffle.

Tour d'Ivoire

Les gens me disent que je suis forte, mais c'est loin d'être la vérité. Je fais seulement semblant de l'être ; pour les autres, mais aussi pour moi-même. Au fond, je suis une créature insensible au monde qui l'entoure. Je feins d'avoir des rêves et des désirs. Je ne sais pas pourquoi je suis ainsi, je ne sais pas pourquoi je suis incapable de déployer mes ailes. Mais, à l'intérieur de moi, je peux aussi sentir que la créature insensible n'est pas seule... Il y a quelque chose d'autre. Quelque chose qui veut se battre, une étincelle d'espoir, une faible braise qui ne semble jamais s'éteindre, quoi qu'il arrive. C'est peut-être cette étincelle qui me fait tenir. Je suis déchirée entre vivre et exister, sans trop savoir quel chemin emprunter. Je suis coincée dans l'ombre, prisonnière d'une vie non désirée qui est pourtant mienne. Je n'ai pas la force de briser les chaînes, ni la volonté de me libérer de ce sentiment de léthargie. L'étincelle est trop faible, pas assez nourrie par le désir de vivre. Je sais que vivre pleinement sa vie peut être une aventure épique. Pourtant, c'est une aventure que je n'arrive pas à entreprendre. Une aventure que je ne peux qu'à peine fantasmer. Elle est hors de ma portée. Je me demande si l'étincelle deviendra un jour un brasier. Aurai-je la force d'être maître de mon destin ? Je ne le sais pas encore...

une vie sans toi

Chaque matin, je me réveille pour vivre un cauchemar éveillé. Un cauchemar qui dure depuis plus d'un millier de jours. À ce jour, trois ans et demi à vivre sans toi. Ce matin-là, j'étais à des années-lumière d'imaginer que ce simple au revoir était en fait un adieu. J'étais loin de me douter que c'était la toute dernière fois que ta lumière rayonnait sur mon cœur. Depuis ce jour funeste, tout semble irréel. Et pourtant, le temps s'écoule toujours, comme si rien ne s'était passé. Mais tout a changé, ta famille est à présent meurtrie. On nous fait savoir que la vie continue son cours, mais de quelle vie s'agit-il ? Une vie maigre de sens, fragile et qui ne tient qu'à un fil. Une existence teintée de peine et de souffrance. Comment puis-je vivre correctement sans toi dans ma vie ? Tu n'es pas là pour voir la personne que je m'efforce de devenir. Je veux te rendre fière, mais une partie de moi trouve inutile de faire tant d'efforts alors que tu n'es pas là, physiquement, à mes côtés. Trois ans que je vis avec cette plaie béante au cœur, un trou dans l'âme qui plus jamais ne sera comblé. C'est douloureux de penser aux moments heureux, alors je m'interdis souvent de repenser au passé. Des échos de rires et des souvenirs qui deviennent vaporeux, difficiles à percevoir dans les limbes de ma mémoire. Vivre avec ton absence est chaque jour insupportable. Je m'efforce donc d'oublier et de prétendre qu'il en a toujours été ainsi. Il est plus facile de faire semblant que d'affronter la douleur du deuil. S'accrocher à une illusion, transformer le passé pour ne plus souffrir. On dit du temps qu'il guérit toutes les blessures. Cependant, les cicatrices resteront à jamais.

Comment puis-je être heureuse alors que l'univers t'a arrachée
à moi, sans crier gare ? Ce matin-là, j'étais loin de me douter
que je voyais ton doux sourire pour la toute dernière fois.

Pourquoi ce sont toujours les meilleurs qui partent en premier ?

35

L'injustice. C'est ce sentiment qui m'explose au visage chaque fois que je vois une vieille dame dans la rue qui te ressemble, celle que tu aurais pu être dans vingt ans. Mais la vie ne t'a pas donné cette chance. Malgré les années, c'est toujours comme un coup de couteau dans le cœur quand je réalise que la vie continue sans toi, que je dois continuer sans toi à mes côtés. Mais la vie n'a que très peu de sens sans toi. L'existence a perdu le peu de couleur qu'elle avait à mes yeux. La vie, ou plutôt la mort, nous a privés des précieux souvenirs que nous aurions pu construire. Désormais, les souvenirs qui restent ont un goût doux-amer. Une seconde de joie, puis c'est la souffrance qui éclate et m'asphyxie. Combien de temps arriverai-je à survivre à ton absence ?

Je sais que c'est une pensée égoïste, mais pour une fois, j'aimerais être celle que l'on voit. La seule que l'on voit. J'ai passé des années dans l'obscurité, seule, invisible aux yeux de tous. Je veux être celle qu'on voit, celle avec qui on veut absolument être amie, celle qu'on désire ardemment, celle qu'on veut embrasser passionnément. Mais je ne suis rien de tout ça. Je suis juste une silhouette invisible qui erre au milieu des foules, sans vraiment se démarquer. Invisible ! Je ne suis pas celle qu'on a peur de perdre, je ne suis pas celle avec qui on souhaite discuter pendant des heures, même la nuit. J'aimerais, ne serait-ce qu'un instant, être vue et comprise. Être aimée… J'aimerais qu'on m'aime à en perdre le souffle. J'aimerais être le personnage principal d'une grande histoire d'amour. Je veux être la fille pour laquelle on se bat. Mais je dois me résigner. Je ne suis pas cette fille. Je ne suis qu'une silhouette invisible qui a pour unique destin de sombrer seule dans les ténèbres.

Imagine-moi seule, buvant du rosé, écoutant les chansons de ton chanteur préféré, portant une jupe que je fais virevolter en dansant comme **le parfait cliché** d'une fille amoureuse.

Être vue. Être invisible. Pourquoi est-ce si douloureux quand tu ne me vois pas ? Ou peut-être que c'est le fait de réaliser que je ne suis pas la lumière dans ton monde, comme tu l'es dans le mien. *C'est toi qui scintilles le plus dans mon obscurité, ma petite étoile.* Mais tu n'appartiens pas. Tu brilles dans d'autres univers, et je sais que je dois apprendre à te partager avec ces autres mondes. J'aimerais parfois t'avoir pour moi toute seule. C'est probablement la peur de te perdre qui me rend égoïste, peu encline à partager ta douce lumière avec les autres. Mais tout le monde mérite un peu de ta lumière – *le genre de lumière qui fait battre à nouveau un cœur mourant, avec les échos de ton rire qui continuent de vivre en chacun de nous.* Je devrais être reconnaissante qu'une partie de toi vive en moi. Alors oui, il se peut que tu sois ma propre petite étoile après tout. Tout ça pour dire que… **je t'aime !**

Crac. Le bruit d'un cœur qui se brise. Une amitié qui se fracasse et vole en éclats. Pourtant, les signes avant-coureurs étaient là, mais il est toujours plus facile de se voiler la face que d'admettre la vérité qui fait mal. Qui est le fautif ? Nous, eux, ou est-ce une faute partagée ? Que s'est-il passé pour atteindre ce point de non-retour ? Nous sommes déjà passés par là, à réparer, à recoller ce qui avait été brisé. Une amitié aussi abîmée qu'un vase précieux ébréché, mais que nous conservons pour des raisons sentimentales. Pourtant, même si c'est difficile, il faut savoir lâcher prise sur ces relations qui ne nous apportent plus. Cela ne remet pas en question l'amour que nous leur portons. Néanmoins, il s'avère que parfois, l'amour ne suffit pas. Voilà toute la difficulté des relations humaines. Une amitié a besoin de bien plus que de l'amour. Et parfois, il est juste temps de prendre des chemins différents, sans regrets et surtout, sans regarder derrière soi.

43

Il a suffi d'un *sourire* pour que je tombe encore plus
amoureuse de toi...

Nous, les humains, sommes des êtres éphémères. Nous marchons sur la terre, puis nous disparaissons à tout jamais. Nous entrons dans la vie des gens, pour y rester ou nous en éloigner par la suite. Le fait est que le temps que nous passons avec quelqu'un n'a pas vraiment d'importance. Parfois, quelqu'un peut entrer dans notre vie et bouleverser notre existence. Nous créons alors un lien fort et puissant, mais cette personne peut finalement disparaître de notre existence aussi rapidement qu'elle est apparue. Cependant, cette personne a laissé une impression qui ne disparaîtra jamais, une impression qui peut être aussi bien positive que négative. Cette personne était peut-être destinée à faire partie de notre vie à un moment donné parce que nous en avions besoin. C'était un moyen de nous aider à grandir d'une manière que nous n'aurions pas pu envisager seuls. Il n'y a aucun regret à avoir. Cette personne nous manquera probablement et nous aurons certainement besoin de temps pour guérir, mais au bout du compte, nous en sortirons plus forts.

J'aimerais pouvoir t'accepter. J'aimerais pouvoir t'aimer comme tu es. Je t'ai longtemps considéré comme mon ennemi. Mais pourquoi tant de haine envers toi, mon propre corps ? Je t'ai haï à cause des autres, de l'image qu'ils avaient de moi et de la façon dont ils me la renvoyaient. À mes yeux, tu étais l'antagoniste de ma propre histoire, un être vil qui me privait de toute forme de bonheur et d'amour. Je t'ai maltraité à cause de ça, alors qu'en fin de compte, tu n'y étais pour rien. Toi, cher corps, tu es mon armure. Celle qui me maintient en vie. Tu es une partie de moi, mais tu n'es pas tout ce que je suis. Je suis bien plus que toi, et ce que je suis devrait être plus important que mon apparence. Notre relation a longtemps été chaotique, mais elle l'est moins ces derniers temps. Certes, il y a des jours où je ne te porte pas dans mon cœur, mais je commence à t'apprécier davantage. J'admire tes courbes dans le miroir, et je me familiarise avec le reflet qu'il me renvoie, sans le mépriser totalement. J'aimerais pouvoir t'aimer de tout mon cœur, et j'aime à penser que je suis sur la bonne voie pour y parvenir. Un chemin semé d'embûches, mais je peux y arriver. Nous pouvons tous y arriver !

Tour d'Ivoire

Comment pourrais-je aller bien alors que j'ai l'impression que nous sommes en train de devenir des étrangers ? Il est difficile de comprendre l'infinité de mes émotions parce que, ces derniers temps, j'ai dressé un rempart pour ne plus rien ressentir. Quand je pense à nous, à nos conversations et à nos rires partagés, les larmes me montent aux yeux. Tout cela me manque tellement. Tu me manques tellement. L'idée que ce que nous partageons ensemble puisse disparaître dans le néant déchire mon être. J'ai l'impression de suffoquer, comme si mes poumons manquaient d'oxygène. La seule idée de te perdre me blesse à vif. Alors, j'essaie de ne plus penser à toi comme avant. J'essaie de ne pas penser à ce que tu as pu me faire ressentir. Parce qu'avec toi dans ma vie, malgré l'océan qui nous sépare, je me suis sentie légère. Je me suis sentie vue. Je me suis sentie vivante. Comment se fait-il que tout cela semble disparaître ? Les sentiments sont-ils vraiment réels, ou ne sommes-nous que des ombres qui feignent de ressentir ? Tes "tu me manques" étaient-ils réels ? Te soucies-tu vraiment de moi ? Je sais que certaines personnes ne sont pas destinées à rester dans nos vies, mais l'idée que tu puisses être l'une d'entre elles me brise le cœur. Je veux juste que tu restes, que tu sois là le plus longtemps possible. Penses-tu que c'est possible ? J'espère que oui.

Nous perdons un peu de nous-mêmes à force de trop donner aux autres. Nous nous donnons corps et âme aux personnes qu'on aime, sans rien attendre en retour. Pourtant, nous finissons un jour par ouvrir les yeux sur la cruelle vérité. Ces personnes à qui nous offrons tout se contentent de prendre, sans même un semblant de gratitude. Ils prennent encore et encore, et au fond, nous ne pouvons nous empêcher de leur donner. C'est un peu comme si nous étions sous leur emprise. Quelque chose est né en nous. Une créature avide de plaire, de tout donner de sa personne, quitte à se détruire en chemin. Nous devons juste trouver la force, dans cette coquille vide que nous sommes en train de devenir, d'arrêter. D'arrêter de tout donner aveuglément pour quelques miettes d'affection. Après des années de dégoût de soi et de dépendance affective, il est peut-être enfin l'heure de donner cette affection à nous-mêmes.

Qui a dit que la vie était un long fleuve tranquille ? La vie est un voyage semé d'embûches, mais aussi de petits bonheurs. Lorsque vous rencontrez une âme sœur, la connexion profonde entre les deux peut être bouleversante au début. Elle peut être incompréhensible, voire douloureuse, mais au fil du temps, on se rend compte qu'il s'agit d'une connexion merveilleuse que l'on n'échangerait pour rien au monde. On a envie de pleurer, on a envie de rire, on est heureux, on est malheureux. C'est loin d'être un long fleuve tranquille, n'est-ce pas ? Mais au bout du compte, c'est un voyage magnifique qui fait grandir l'âme.

Voilà la vérité : **je suis mon propre bourreau**. Empoisonnée par ma haine de moi-même, je suis assaillie par cette voix dans ma tête qui me dit que je suis un être répugnant. Des mots qui bloquent ma respiration et qui m'étouffent, si bien que j'ai l'impression de mourir à petit feu. J'essaie de la faire taire, par moments elle obéit, mais elle échappe souvent à mon contrôle et me transperce avec des mots qui meurtrissent. Cette voix envoie dans tous les recoins de mon esprit la croyance que je ne suis pas digne et que c'est mon apparence qui m'empêche de trouver l'amour et d'être chérie. Je souffre, car cette voix a réussi à me convaincre que je ne suis pas digne d'être aimée, que je mourrai probablement seule et privée d'amour. C'est douloureux d'accepter et de faire la paix avec cette vérité qui déchire l'être et le cœur. Je suis dans une impasse, incapable de m'aimer pleinement. Un combat intérieur qui me grignote, me dévore, dans l'unique but de me réduire au néant absolu.

Tour d'Ivoire

Connaissez-vous cette douleur atroce ? Celle de sentir votre cœur se fissurer lorsque vous vous rendez compte que vous n'êtes pas aimés par ceux dont vous voudriez être aimés. Tout l'espoir qui vous maintenait en vie s'est alors évanoui en un instant fugace. Désormais, seul le vide subsiste. Un vide qui sera bientôt comblé par un désespoir destructeur. Votre erreur aura été de trop les aimer et parfois, un excès d'amour se transforme rapidement en poison. Finalement, tout ce qu'il vous reste, c'est un esprit et un cœur empoisonnés. Comment poursuivre son existence lorsque le sentiment le plus merveilleux du monde a fait de vous un chaos vivant ? Comment continuer à respirer quand le chagrin vous prend à la gorge ? Pourquoi ne vous aiment-ils pas ? Cette question tourne en boucle dans votre esprit. Une question dont vous ne voulez même pas connaître la réponse. Parce que si vous découvrez la raison, vous redoutez une chose : que votre cœur se fissure encore plus. Vous devrez alors vivre avec un cœur brisé, impossible à réparer, pour le reste de votre vie.

Es-tu un spectre pour être dans mes pensées à longueur de journée ? Pourtant, nul pour moi l'envie de te chasser de mon esprit. Mon amour pour toi est bien trop fort pour que tu puisses disparaître aussi facilement. Ta voix, ton rire, ton être entier résonnent en moi. Tu as su faire ta place et il est maintenant inconcevable que tu ne fasses plus partie de ma vie. Toi et moi sommes les deux faces d'une même pièce, le reflet l'un de l'autre. Et maintenant que nous nous sommes retrouvés, je compte bien te garder auprès de moi. Ressens-tu la même chose ? Ressens-tu cette force invisible qui nous pousse l'un vers l'autre pour ensuite nous éloigner ? Comme si notre histoire commune se devait d'être compliquée, voire un peu tragique. Mes sentiments pour toi sont semblables à un tour de montagnes russes : quelque chose de puissant qui soulève mon cœur et le fait battre à mille à l'heure. Qu'en sera-t-il lorsque nous serons vraiment réunis, l'un en face de l'autre ? Il se pourrait bien que mon cœur explose dans ma poitrine lorsque ton regard plongera dans le mien.

52

C'est fou à quel point ce sont les personnes qui comptent le plus à nos yeux qui nous font souffrir le plus facilement. Et que c'est au tout dernier moment, le moment précis où, les yeux rivés dans les nôtres, ils nous plongent un poignard dans le cœur. Un geste qui leur semble si facile, si anodin. Un geste qui nous fait voir leur véritable visage, leur nature profonde. Ce visage d'une personne aimée qu'on ne reconnaît désormais plus, ce visage méconnaissable et hideux au sourire froid. Notre dernière vision du monde, offerte par *la nature humaine dans son illustre monstruosité...*

53

Je viens seulement de comprendre que les compliments des autres n'auront aucun pouvoir sur moi si je ne commence pas d'abord par m'aimer moi-même.

Tour d'Ivoire

Je dois te dire quelque chose : tu es ma première pensée du matin. Tu es le soleil qui m'invite à me réveiller, une source de lumière dans l'obscurité totale. Je n'ai jamais aimé comme je t'aime toi, d'un amour inconditionnel, éternel, un amour qui jamais ne flétrira. Mes sentiments pour toi sont un véritable tourbillon, un tourbillon sur lequel je n'ai aucun contrôle. *Un amour trop puissant pour mon cœur humain*, une passion dévorante qui ne cesse de me consumer. Il est parfois difficile de trouver les mots pour décrire ce que je ressens pour toi ; il faudrait inventer une nouvelle langue pour ça. On me dit d'avancer, de t'oublier, qu'il n'y aura jamais de "toi et moi". Mais comment pourraient-ils comprendre ? Le lien qui nous unit est si fort que même la Moire grecque Atropos ne saurait le sectionner. J'ai longtemps vécu dans l'illusion que notre amour aurait peut-être une chance dans cette vie. Mais désormais, je trouve la paix dans le simple fait de t'aimer, sans rien attendre en retour. Je n'ai de toute façon pas d'autre choix. Du plus profond de mon âme, je sais que je ne cesserai jamais de t'aimer. Je t'ai aimé dans d'autres vies, je t'aime dans celle-ci, et je t'aimerai dans les autres à venir. Je t'ai trouvé. Tu m'as trouvé. Faisons en sorte que ce soit toujours le cas.

une étincelle d'espoir

C'est épuisant de questionner sa valeur à chaque instant. De se comparer aux autres et de penser que nous ne serons jamais à la hauteur. Il est fatigant, lors de moments de doute et de souffrance, de sentir des larmes aveugler nos yeux et d'avoir le sentiment que nous devrions tout laisser tomber. Ceci est la conséquence de ne pas avoir confiance et de ne pas croire en nous. C'est épuisant de laisser les autres contrôler nos émotions, de redouter tout ce qu'ils font naître en nous. Nous devrions être le seul maître de nos émotions. Nous devrions arrêter de vivre selon le regard et les attentes des autres. Ce n'est pas la vie que nous devrions vivre. De vivre sous le joug des autres, figés par la peur, terrifiés de ce qu'ils pourraient penser de nous, paralysés par l'idée qu'ils pourraient nous abandonner. Nous nous devons à nous-mêmes de reprendre notre pouvoir. Il est grand temps de reprendre le contrôle de nos émotions, de notre existence. Ouvrons les yeux sur le fait que nous ne devons rien à personne, tout comme le fait que les gens ne nous doivent rien. Nous sommes les seuls à compter dans notre propre existence. C'est l'unique moyen d'avancer, d'aller de l'avant et de construire notre vie sur des bases plus saines, plus solides. Il est grand temps de commencer à vivre pour nous et non pour les autres.

Je veux pouvoir oublier. Je veux laisser ce passé si lointain derrière moi. Néanmoins, ces paroles, ces actes cruels continuent de hanter mon esprit. Ils perdurent, telles des blessures qui refusent de cicatriser. Tant de temps s'est écoulé et pourtant, ce que j'ai subi par mes pairs a forgé une partie de mon identité, celle que je suis aujourd'hui. Pas assez bien pour les autres, une conviction marquée au fer rouge dans ma chair. La jeunesse est souvent stupide et ne pense pas au pouvoir puissant, et parfois néfaste, des mots. Des mots qui engendrent des conséquences qui subsistent dans le temps. Depuis tout ce temps, je peine à avoir confiance en moi, car je me suis construite avec ces souvenirs douloureux. Je sais que je vaux davantage que ces insultes et ces actes du passé, je sais qu'ils n'ont pas leur place dans mon présent. Toutefois, ils sont toujours là, comme des spectres qui errent dans mes souvenirs et qui ont bien du mal à disparaître. Des années après, ce qui reste de ces mots me ronge ; continue de me grignoter sans cesse. J'aimerais pouvoir croire en moi et en mon propre pouvoir. Je veux avoir la force de surmonter ce qui m'est arrivé il y a tant d'années. *Car il est temps pour moi de briller enfin !*

Mes émotions ont toujours été semblables à des montagnes russes. Ma vie est sans cesse rythmée par mon désir de sortir de mon cocon, de tout simplement vivre et par mon envie de sombrer dans l'obscurité. Souvent, je ne sais plus vraiment sur quel pied danser. J'ai laissé mes peines et mes douleurs devenir mon identité. Comme le serpent, il est temps de me débarrasser de mon ancienne peau et d'entreprendre quelque chose que je n'ai jamais vraiment osé faire : *vivre*.

Le doute, une mauvaise herbe, un poison qui s'infiltre dans vos veines. Un poison qui ne cesse de se répandre, sans relâche. Agissant sournoisement, le doute est désormais partout en vous. Un voile sombre qui obscurcit vos pensées, vous n'êtes plus qu'une marionnette. **Impossible de fuir !** Vous êtes sous son emprise. Dorénavant, vous doutez de tout : de vous, de vos choix, mais aussi des personnes qui vous entourent. Mais, d'où vient ce doute ? Que vient faire cette voix lugubre dans vos pensées, telle *une funeste messagère* qui sème des graines d'incertitude dans votre esprit ? À présent, vous n'êtes plus maître de vous-même, c'est le doute qui contrôle tout. L'éclat de vos espoirs s'efface ; un néant qui se délecte de votre lumière intérieure. Bientôt, l'obscurité régnera en maître absolu. Pourtant, ce n'est pas le moment de baisser les bras. Ne laissez pas votre manque d'estime de soi ronger votre âme, votre chair. Chérissez votre lumière, ne la laissez pas se dissiper. Vous êtes plus forts que vos doutes et vos tourments. Bien qu'il soit normal de douter, vous ne devez pas le laisser vous consumer. Il vous faut croire en votre pouvoir. ***Vous êtes une force de la nature !***

Tomber dans le vide. Une chute au ralenti. Je me sens tomber, attirée par les tréfonds du désespoir. Ils m'appellent, et je n'ai aucun autre choix que de répondre à cet appel. J'ai laissé mes maux et chagrins me submerger, et ce vide qui m'attire à lui désire s'en repaître. Dans ma descente, je me sens légère et lourde à la fois. C'est bien le poids de ma tristesse qui m'entraîne vers les abysses, mais en même temps, j'ai l'impression que toute ma douleur est aspirée dans ce gouffre de désolation. Je sais alors que ce cauchemar sera bientôt terminé. Ensuite, toute ma tristesse, tout mon désespoir auront enfin disparu. Une chute salvatrice, une renaissance qui s'offre à moi.

Tour d'Ivoire

Malgré le désir de changer, il est difficile de nous défaire de notre ancienne image. Cette identité qui nous colle à la peau, qui nous suit comme notre propre ombre. Nous savons qu'il nous faut aller de l'avant, pour nous lancer à la conquête d'un avenir meilleur. Pourtant, l'hésitation et la peur s'emparent de nous et nous empêchent de véritablement avancer. Que devons-nous faire ? Lutter plus ardemment, plus violemment pour obtenir ce que nous désirons vraiment ? Que devons-nous faire pour ne pas laisser la peur de l'inconnu nous pousser à renoncer à la bataille ? Nous avons la clé pour ouvrir la porte de notre tour d'ivoire, mais pourquoi sommes-nous si effrayés à l'idée de l'utiliser ? Le monde est terrifiant, mais la vie est faite ainsi et c'est l'inattendu qui fait de la vie une aventure qui vaut la peine d'être vécue pleinement. Pourtant, il semblerait que nous ne soyons pas prêts à faire le grand saut. En fin de compte, il s'agit d'apprendre que la vie n'attend pas de nous que nous soyons prêts. **Il suffit de sauter.**

Je laisse s'envoler les pensées torturées pour avancer d'un pas léger, l'esprit enfin libéré de l'obscurité. Fini le temps d'être esclave de mes peurs ! Je m'extirpe de ma chrysalide pour déployer mes ailes et permettre à la lumière de panser les blessures du passé. J'avance sur cette nouvelle voie, baignée par l'amour des autres. La crainte de ne pas être aimée enfin partie en fumée. Je réalise à présent que je ne suis pas seule, que je ne l'ai d'ailleurs jamais été.

Tour d'Ivoire

Est-ce l'aube d'un nouveau jour, d'une nouvelle vie ? C'est un nouveau chapitre qui débute et je ne suis pas vraiment certaine de ce qui m'attend. Longtemps retenue prisonnière de ma tour d'ivoire, je m'apprête enfin à faire un énorme pas vers la lumière. Je suis terrifiée, et pourtant si impatiente de découvrir cette nouvelle route qui se profile à l'horizon. *Un pas vers l'inconnu, un pas vers la vie !*

L'écriture est, selon moi, un pont entre nous tous. Il se peut que vous vous soyez reconnus dans mes poèmes, ou peut-être pas, mais l'essentiel est ce partage d'émotions, cette prise de conscience que nous ne sommes pas seuls. Merci à vous d'avoir pris le temps de parcourir ces pages, d'avoir suivi mon cheminement entre les ténèbres et la lumière.

Si le cœur vous en dit, je vous invite à découvrir davantage mon univers poétique sur Instagram, TikTok et YouTube : @julesb.writer